S0-ALL-533

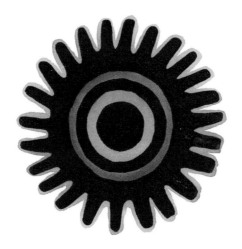

ALETÍN Y EL DÍA QUE EL CIELO SE VINO ABAJO

Mizca ayím acalologaec, ahjím conogdac, ajím conogdac.
No tengo miedo, soy valiente, soy valiente.

Canto mocobí

Aletín y el día que el cielo se vino abajo está basado en un mito que aparece en el libro "Historia de la conquista del Paraguay" por José Guevara, Buenos Aires, 1882.

Esta es una historia de los mocobíes en Argentina.

© 2002 Rourke Publishing LLC

ILUSTRACIONES © Charles Reasoner

Library of Congress Cataloging-in-Publication Data

Lilly, Melinda.
   [Aletín and the falling sky. Spanish]
   Aletín y el dia que el cielo se vino abajo / recreado por Melinda Lilly; Ilustrado por Charles Reasoner.
      p. cm.—(Cuentos y mitos de América Latina)
   Summary: When the falling Sky causes the Sun to crash to the Earth, Aletín saves the situation and finds that his people and their world have been changed forever.
   ISBN 1-58952-189-7
   1. Mocobí Indians—Folklore. 2.Tales—Argentina. [1. Mocobí Indians—Folklore.
   2. Indians of South America—Argentina—
   Folklore. 3. Folklore—Argentina. 4.Spanish language materials.] I. Reasoner, Charles, ill. II. Title III.Series: Lilly, Melinda. Latin American tales and myths.

   F2823.M6L5518 2001
   398.2'089'98—dc21   2001041658

pbk 1-58952-076-9
Printed in the USA

Cuentos y mitos de América Latina

ALETÍN
Y EL DÍA QUE EL CIELO SE VINO ABAJO

Mito mocobí

Recreado por
Melinda Lilly

Ilustrado por
Charles Reasoner

Adaptado al español por
Queta Fernández

Rourke Publishing LLC
Vero Beach, Florida 32964

Aletín abrió los ojos. El mundo estaba igual que cuando él se había quedado dormido. El Sol tostaba la pradera, las palmas se erguían sosteniendo la hamaca en que dormía y la brisa encaracolaba las hojas de los árboles. El agua del río seguía corriendo en la misma dirección. Sintió un tremendo alivio y se dijo: "Creo que este va a ser un día bueno, un día sin problemas".

En los primeros días del mundo, la tierra tenía un ritmo desordenado y nunca se sabía lo que iba a ocurrir. Había pocos hombres y algunas plantas. Nada más. Un mundo organizado y con bellos animales existía solamente en la imaginación de la gente. Pero Aletín estaba seguro de que él mejoraría al mundo y de que las noches le seguirían a los días, una y otra vez, ordenadamente, y que entonces él podría descansar tranquilo.

A pesar de que los otros trabajaban para mantener el mundo arreglado y limpio, Aletín entrenaba a los árboles para que crecieran hacia arriba, ¡nunca hacia abajo! para que los ríos no se salieran de sus cauces y para convencer a las nubes de que compartieran sus gotitas de agua.

Aletín saltó de su hamaca mientras miraba otra vez al cielo. De pronto le pareció que algo andaba mal. El Sol estaba fijo y parecía desorientado. "Dazoá", le dijo a Sol con mucha paciencia, "¿se te olvidó que debes ir a descansar? Nos has dado luz por días y días y ya pasó la hora del atardecer. ¿No ves que las plantas se están marchitando y que yo necesito la noche para dormir?" Pero Sol parecía no entender. No sabía adónde ir, ni tenía idea de noches y días.

"Te ayudaré, mi amigo" le dijo Aletín, "tú también necesitas descansar." Y pensando en cómo traer la noche, se impulsó corriendo entre la alta yerba y con toda su fuerza, arrojó su lanza en dirección al oeste. "Síguela" le dijo a Sol, "ella te guiará."

Aletín aguantó la respiración mientras la lanza rasaba los arbustos llenos de espinos, se alzaba sobre las palmas y arañaba el cielo. Luego, la vio rebotar en el valle y clavarse en la costura de la tierra.

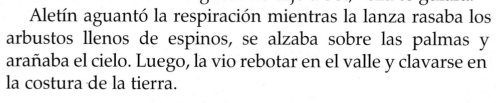

6

"Dazoá, ve donde mi lanza y trae el atardecer" le ordenó
Aletín a Sol. Sol, contento de recordar su camino, se escurrió por
el cielo hacia el oeste, detrás de la lanza, y Cidaigo, la luna,
muy impaciente subió de un tirón.

Aletín recogió su lanza del horizonte y regresó a su casa, satisfecho. Atravesó las palmas mientras le cantaba a Cidaigo y a Naadic, la Vía Láctea. La luna y la Vía Láctea le regalaron una sonrisa de luz.

Corrió hacia su hamaca y se hundió en ella sacudiéndola de un lado a otro. Mientras Aletín se preparaba para dormir toda una noche, miró la negrura y pensó que el mundo ya estaba arreglado. Sintió alivio y se quedó dormido.

¡Riiii! Aletín abrió los ojos y miró a su alrededor cautelosamente. El cielo se había desgarrado y de él colgaba una estrella. "¡Ay, no puede ser!" dijo Aletín. La estrella silbaba y destellaba luz hacia todos lados mientras se balanceaba en un pedazo de cielo que dejaba un agujero negro al descubierto.

"¡No te muevas!" le dijo Aletín a la estrella y saltó de su *hamaca* como un resorte. "¿Estrellita de Amanic, crees que puedas saltar y engancharte de nuevo en el cielo?" Pero la estrella no respondió. Colgaba del cielo rasgado y ya casi tocaba las palmas.

Aletín colocó su hamaca debajo del agujero y le habló bajito a la estrella para no asustarla: "No te preocupes, Estrellita, yo te voy a ayudar". De un solo golpe, su lanza partió el pedazo de cielo desde donde ella colgaba.

La estrella se desprendió con un crujido y cayó en la hamaca de Aletín iluminándola con una luz suave. Con dos hojas de palma, para no lastimarla, Aletín la colocó en una armazón de lianas, se la echó al hombro y comenzó a escalar una delgada palma.

La estrella cabalgaba en la espalda de
Aletín que subía y subía hasta el punto más
alto. Desde allí, la cosió al cielo con el hilo de
liana mientras ella revoloteaba con cada puntada.

Una sonrisa de agradecimiento brilló en la carita de la
estrella de Amanic. Aletín se deslizó hasta su hamaca, se
estiró y bostezó. Cuando cerró los ojos, se dijo: "¡Uf, qué día
he tenido! Esta noche quiero soñar con un mundo tranquilo
y ¡hasta aburrido!"

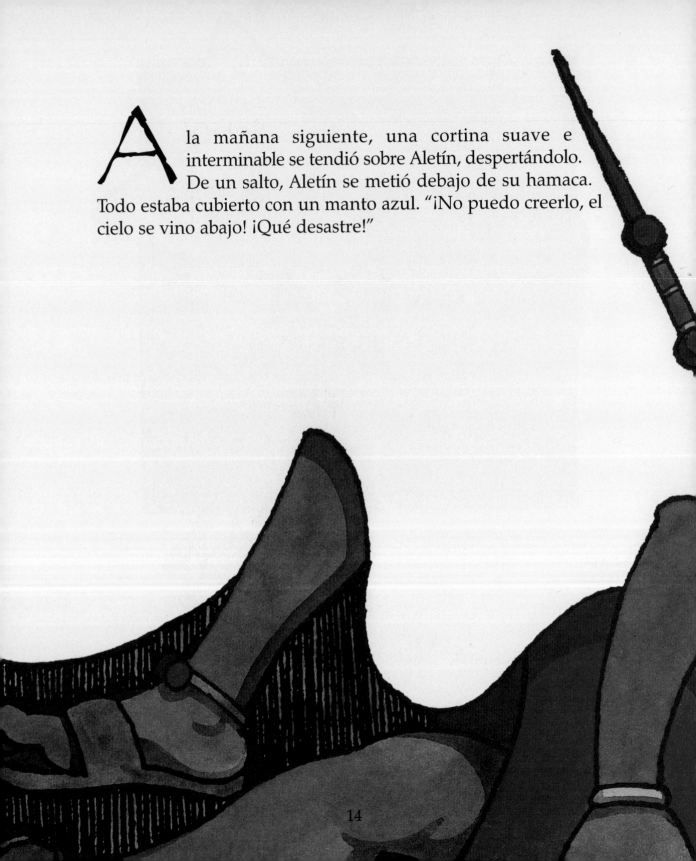

A la mañana siguiente, una cortina suave e interminable se tendió sobre Aletín, despertándolo. De un salto, Aletín se metió debajo de su hamaca. Todo estaba cubierto con un manto azul. "¡No puedo creerlo, el cielo se vino abajo! ¡Qué desastre!"

"Ypequim", le reprochó Aletín al cielo "vuelve a tu lugar, no seas holgazán. ¡Vamos, arriba!" Pero el cielo se había desplomado.

Aletín escuchó los gritos apagados de sus vecinos y se movió a través del cielo como el que nada en el mar. Uno a uno los ayudó a formar una cadena y llegar a un lugar seguro.

"No tenemos suficiente espacio" dijo una mujer menuda. "Ypequim no nos permite movernos". Y se secaba las lágrimas con las manos adornadas de bellos colores.

"Este es el fin del mundo" dijo un hombre que tenía un pedazo de nube en el pelo y el cuerpo dibujado.

"¡No, este no es el fin del mundo!" le dijo Aletín a todos con voz suave pero firme, tratando de alentarlos. "Quizá sea el principio. Entre todos podemos empujar el cielo al techo de nuestras casas, enrollarlo en nuestras hamacas y finalmente echarlo al río. No se desanimen, ¡tenemos que hacerlo!"

Las palabras de Aletín cayeron como lluvia fresca y el optimismo comenzó a florecer. Todos se decidieron a resolver el problema. El hombre del cuerpo dibujado comenzó a levantar el cielo con sus brazos.

Los más fuertes, lo empujaban con ramas de árboles y los
niños soplaban las nubes. Pero había cielo en todas partes.

19

El cielo era tan pesado que todos se agotaron enseguida. Los niños ya no tenían fuerza para soplar. Con ojos cansados, Aletín pudo ver a Sol. Estaba débil, pero parecía ser el único que podía sostener el cielo, que desprendido, cada vez pesaba más. "Tenemos que poner a Ypequim sobre Dazoá" le dijo Aletín a la gente del pueblo.

Sofocados y con los brazos adoloridos, levantaron el cielo sobre Dazoá. ¡Uf, uf! Lo fueron empujando con la puntita de los dedos, "Un poquito más, un poquito más". Y con las últimas fuerzas, lo pusieron de un salto sobre Sol haciendo un gran estruendo.

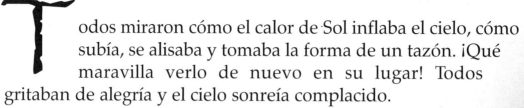

Todos miraron cómo el calor de Sol inflaba el cielo, cómo subía, se alisaba y tomaba la forma de un tazón. ¡Qué maravilla verlo de nuevo en su lugar! Todos gritaban de alegría y el cielo sonreía complacido.

Entonces, tambaleándose por tanto esfuerzo, Dazoá sol no se pudo sostener más y cayó de un golpe. "¿Qué hacemos ahora, Aletín?"

Pero ya Sol rodaba y rodaba, quemando el horizonte y dejando un camino de llamas a su paso.

La gente del pueblo echó a correr
montaña abajo detrás de Sol. Algunos
corrieron hacia el río, para aliviar sus pies
quemados, pero Sol los alcanzó, haciendo que el
agua hirviera y salpicara a borbotones. La gente quedó,
entonces, convertida en criaturas nunca antes vistas: peces
con escamas centelleantes, cocodrilos con la piel curtida por
el fuego, insectos coloreados por el humo y patos con
plumas tan negras como el carbón.

Dazoá siguió rodando montaña abajo, atravesando bosques e incendiando árboles. La gente refugiada en lo alto se convertía en jaguares con lunares de ceniza y en monos trepadores. Cuando Sol tocó a todos los que estaban bajo tierra, se convirtieron, inmediatamente en sapos, armadillos y osos hormigueros.

Aletín no quiso esconderse ni huir. Él no tenía miedo. Él sabía lo que tenía que hacer. Cuando el Sol ya iba a alcanzarlo, Aletín salto al aire con la ayuda de su lanza y quedó convertido en un bellísimo Tucan de grandes alas.

Desde arriba, Aletín Tucán vio a su gente correr hacia sus casas. "Tengo que ayudarlos" se dijo. Voló en picada, se impulsó y de un golpe atravezó a Dazoá con su largo pico. Desesperadamente, comenzó a batir sus poderosas alas y a subir a Dazoá cada vez más alto, hasta que lo insertó de nuevo en el firmamento.

"Aletín Cotaá, Aletín Tucán" gritaba la gente saliendo de sus casas. Aletín volaba en círculos sacudiendo su pico que el fuego de Sol había pintado de bellos colores.

Aletín les dijo: "Todos hemos sido cambiados por Sol y desde hoy, ustedes serán el gran pueblo mocobí".

Los mocobíes bailaban y cantaban mientras Aletín los sobrevolaba y hacía piruetas en el aire. La gente y los animales celebraron una nueva vida juntos bajo el cielo. Una familia de criaturas que nadaban, corrían, trepaban, cavaban la tierra, construían y volaban. ...Y todos fueron felices en un mundo completo, maravilloso, aburrido y donde el Sol y la Luna siempre se turnaban organizadamente uno después del otro.

GLOSARIO

Aletín: Nombre mocobí

amanic: Constelación de la Cruz del Sur o estrella de esa constelación. También se le llama Amanic al ñandú o avestruz de América.

cidaigo: Luna en lengua mocobí

cotaá: Tucán en lengua mocobí

dazoá: Sol en lengua mocobí

Gran Chaco: Larga extensión de terreno plano en el centro de la América del Sur. El Gran Chaco experimenta grandes sequías e inundaciones periódicas.

hamaca: Cama colgante hecha de fibras vegetales

Mocoví: Lengua y cultura de la gente que habita en el Gran Chaco argentino; después de la llegada de los caballos, los mocobíes se hicieron famosos por su destreza como jinetes.

naadic: Vía Lactea en lengua mocobí

ypequim: Cielo en lengua mocobí